Metodo

Montessori

Sommario

Introduzione 4

Capitolo 1 8

  1.1-Competenze assunte dai bambini.....................8

  1.2-Principi fondamentali....................................9

  1.3-Elementi fisici fondamentali per il processo..........14

  1.4-Ambiente..15

  1.5-Strumenti e materiali per l'apprendimento 16

  1.6-Vita sensoriale e pratica...............................21

Capitolo 2 24

  2.1-Asilo nido..24

  2.2-Scuola dell'infanzia 25

  2.3-Scuola primaria 27

  2.4-Quando l'alunno passa ad una scuola normale dopo essere stato in una di tipo montessoriano 29

  2.5-Scuole pubbliche..29

Capitolo 3 33

  3.1-I diversi livelli di sviluppo dell'individuo 33

Capitolo 4 37

  4.1-Scuole private e scuole pubbliche.......................37

  4.2-La sfida delle scuole statali 39

  4.3-Applicazione del metodo nelle scuole medie 42

  4.4-Come vengono istruiti e formati gli insegnanti 45

Capitolo 5 48

  5.1-Metodo Montessori nel mondo 48

5.2-Studi scientifici 50

Capitolo 6 52

6.1-Funziona davvero questo metodo? 52

6.2-Vantaggi 54

6.3-Svantaggi 57

6.4-Critiche al metodo...61

Conclusioni 63

Introduzione

Quando si parla di Metodo Montessori si fa riferimento a una rivoluzione nel mondo scolastico, nella crescita e l'educazione dei bambini. La fondatrice di questo particolare metodo è Maria Montessori.

Il suo sistema di apprendimento è oggi molto diffuso in tutto il mondo ed è seguito da migliaia di scuole; alla base di esso c'è la libertà del bambino nello svolgimento delle sue azioni al fine di uno sviluppo naturale della sua mente e della sue capacità cognitive.

Apprendere non significa per forza fare qualcosa di noioso e triste, in questo caso l'aspetto ludico è fondamentale; ogni bambino dispone di molti giochi diversi, può usarli a suo piacimento, passando dall'uno all'altro senza problemi. È importante che faccia ciò che si sente.

La noia non è una buona amica dell'apprendimento; il Metodo Montessori non prevede quindi le classiche lezioni frontali in cui le parole dell'insegnante sono legge e i bambini ascoltano in modo passivo.

Ai tempi in cui Maria Montessori progettò e rese pubblico il suo programma, l'istruzione dei bambini era molto rigida e diversa sotto moltissimi aspetti rispetto a quella in vigore oggi. Gli alunni dovevano stare per tutto il tempo seduti nei loro tavoli, fermi immobili, e dovevano studiare come "muli" tutto ciò che gli veniva impartito dall'insegnante; non c'era margine per confronti, domande o opinioni personali. Cioè che diceva l'educatore era considerato come legge indiscutibile.

Alcune delle idee di Montessori erano un tempo considerate folli, ora invece sono in quasi tutte le scuole la normalità; come la dimensione dell'arredamento. Ormai in tutti gli asili i banchi, i bagni, i giochi; sono tutti a misura di bambini, e quindi in miniatura per essere estremamente funzionali per loro.

Altri fattori sono invece ancora oggi esclusivi del Metodo di Montessori e non sono di uso comune; come per esempio la tecnica di non dare voti agli alluni. In molte scuole ancora oggi questo concetto è del tutto impensabile e infattibile, i voti sono considerati l'unico metodo di valutazione possibile dalla maggior parte delle persone.

Maria Montessori ideo questo progetto nel 1897, dopo aver frequentato all'università di Roma dei corsi di pedagogia; avendo studiato a fondo il sistema scolastico e i comportamenti dei bambini, ha saputo creare un metodo davvero efficiente che va a toccare diversi punti che negli hanno generato problemi, migliorandoli o eliminandoli del tutto. Aprì la sua prima scuola a inizio 900 in una struttura popolare collocata a Roma.

Maria dichiara il suo metodo il risultato di anni di studio e lavoro a stretto contatto con bambini di diverse età, definisce "pedagogia scientifica" il concetto che sta alla base di tutte le sue idee. Piano piano con gli anni si è schiarita sempre di più le idee su cosa avrebbe voluto fare nella sua scuola e cosa invece no, con i corsi universitari ha ottenuto le ultime competenze di cui aveva bisogno per ingranare e pubblicare il suo libro contenente le sue ideologie e nozioni.

Il sistema arrivò negli Stati Uniti nel 1911 e ebbe fin da subito un grande successo; fu però bloccato dal sistema americano che era ben radicato; con gli anni però ha piano piano ripreso piede, ed è oggi molto diffuso.

Il programma educativo accompagna il bambino dalla nascita fino al compimento dei suoi 24 anni, arrivato a quel punto secondo Maria il soggetto è completamente formato e pronto alla vita "vera".

Il vocabolo "Montessori" è ormai internazionale riconosciuto e utilizzato ampiamente.

Capitolo 1

1.1-Competenze assunte dai bambini

I bambini che frequentano scuole in cui è seguito il Metodo Montessori acquisiscono competenze diverse dai bambini che vanno in scuole normali; vediamo quali sono le loro capacità:

- Gli viene insegnato a lavorare in gruppo e ad interagire in modo corretto con il prossimo; rispetto e autocritica sono fondamentali per vivere in un ambiente sereno. Questo aiuta a prevenire fenomeni di bullismo.

- I bambini fin da piccoli imparano a prendere scelte, sanno analizzare le situazioni e capire quale sia il modo migliore per agire. Sono indipendenti e decisi.

- Vengono formati bambini forti e consapevoli delle loro capacità.

- Sono incentivati ad apprendere e andare a scuola. Non la vedono come un luogo di tortura, ma come un posto in cui crescere, essere se stessi ed esprimersi liberamente senza il rischio di essere giudicati dagli altri.

1.2-Principi fondamentali

Esistono una serie di principi che sono alla base del Metodo Montessori:

- Non precludere a un bambino di compiere determinate azioni perché considerato troppo piccolo: è sbagliato generalizzare e impedire a un bambino di compiere qualcosa che sa fare solo perché secondo il pensiero comune a quell'età un soggetto non dovrebbe compiere quel tipo di operazione. La fiducia e la libertà sono fondamentali, il bambino si sentirà sicuro di sé e vivrà meglio. Per esempio se un bambino vuole aiutare nelle faccende domestiche è giusto che lo faccia, fargli svolgere compiti semplici è ottimale, come per esempio gli si può far pulire con uno straccio un mobile o piegare delle coperte. Non bisogna bloccarlo sul nascere spegnendo il suo spirito d'iniziativa; permettendogli di svolgere queste piccole azioni il bambino sarà felice, fiero e soddisfatto di se stesso.

- Permettergli di creare un legame con la natura e l'ambiente: è importantissimo fare stare i bambini il più possibile all'aperto a contatto con la natura;

quest'ultima è un ottimo stimolo per lo studente che si sentirà pieno di energie, stimolato ed ispirato. D'altronde ci sono studi che dichiarano che stare all'aperto è un toccasana per la mente ed il corpo. Il bambino scopri l'amore per l'ambiente e imparerà esplorando piante, animali, fiori e luoghi sconosciuti. Un' ottima attività potrebbe essere fare gite in montagna.

- Crescere individui indipendenti: genitori e insegnanti troppo oppressivi limitano le capacità del bambino e le sue libertà. Non deve essere sottomesso, ma sostenuto e lasciato libero di agire e di prendere le sue scelte autonomamente. Così facendo i bambini imparano a camminare, a studiare a giocare, a relazionasi nel migliore dei modi; seguendo il loro istinto. Fare piccoli sforzi li aiuterà a crescere e a gestirsi in autonomia.

- Osservare e intervenire solo se necessario: il docente che segue il Metodo Montessori è come un angelo custode dei bambini, veglia su di loro senza interferire; a meno che sia necessario. Il trucco è non parlare molto e invece osservare attentamente; i bambini si sentiranno liberi e al sicuro. Se lo studente commette degli errori il docente non andrà a sgridarlo a metterli un insufficienza; cercherà invece di mostrarli come rimediare da solo in autonomia e tranquillità. Sbagliare è umano e giusto, non deve essere visto come un disonore. Ovviamente in caso di comportamenti o situazioni non consone l'insegnante interverrà immediatamente ristabilendo l'ordine; questo è fondamentale.

- Insegnare al bambino ad agire sempre con grande precisione e impegno: di solito i bambini agiscono con molta precisione quando compiono diverse azioni, per loro diventa quasi come un gioco mnemonico. Usare la precisione permette al bambino di assimilare anche altre competenze, impara a coordinare il corpo e i suoi movimenti e a controllarsi.

- Puntare sullo sviluppo del talento di ogni singolo bambino e non parlare mai male di uno di loro: è importante che ogni bambino si concentri e lavori sulle cose per cui è particolarmente portato. Per esempio se ama la musica è importante che si concentri principalmente su quella. L'insegnante deve capire le preferenze e le propensioni di ogni bambino, e deve controllare che si concentrino principalmente su ciò in cui sono "forti" e mettano da parte ciò in cui non eccellono. Altra cosa fondamentale è non parlare mai al bambino o farlo sentire non all'altezza.

- Prendersi cura della natura e degli animali per insegnare al bambino ad essere rispettoso verso l'ambiente: bagnare le piante, nutrire e curare gli animali è importantissimo per lo sviluppo del bambino, che crescerà come una persona rispettosa della vita e di ciò che lo circonda. Imparerà cosa sono il rispetto, la cura, la responsabilità e l'amore.

- La scuola deve essere strutturata nel modo corretto: la scuola deve essere creata per essere funzionale ai bisogni e alle attività degli studenti. Nelle aule, nei bagni e nei cortili devono essere presenti strutture e strumenti che rispecchino le necessità dei più piccoli, i tavoli devono essere piccoli e i bagni pure. Gli strumenti di lavoro devono invece essere ben progettati ed intuitivi, i bambini devono essere in grado di usarli da soli senza l'aiuto dell'adulto di riferimento o l'educatore. Un ambiente perfetto, accompagnato da una bella atmosfera, influenzeranno sicuramente in modo positivo le capacità di apprendimento e di azione dello studente.

- Non obbligare il bambino a svolgere compiti e attività che non desidera fare: l'insegnante non deve obbligare lo studente a continuare un lavoro se è stanco o non ne ha più voglia. È giusto che prenda della pause e si riposi per poi continuare il suo lavoro quando si sente pronto. Forzarlo servirebbe solo a farlo lavorare male e a crearli un forte disagio.
- I bambini sono gli esploratori: i bambini sono come dei piccoli viaggiatori in esplorazione, per loro tutto è nuovo, sono bramosi di imparare e di vivere; gli adulti rappresentano invece come delle guide, che inseriscono il bambino in questo nuovo mondo, spiegandoli in generale come funziona ma senza imporsi. La parola chiave è libertà! È quindi importante avere qualcuno che mostri come sopravvivere, ma sta poi all'esploratore l'individuazione della miglior strada da seguire.

1.3-Elementi fisici fondamentali per il processo

Ciò che serve per mettere in atto il metodo è un ambiente sereno, del materiale specifico per la fase di sviluppo del bambino e insegnanti competenti, che hanno studiato ciò che Maria Montessori ha ideato e sanno metterlo in pratica.

Possiamo dire che un ambiente salutare e ben organizzato aiuta a sviluppare le capacità di lavoro di gruppo, individuale, quelle creative e artistiche. È importante imparare nozioni scolastiche ma anche crescere a livello personale, capendo quali sono le passioni dei bambini e le loro propensioni.

Gli strumenti e i materiali che vengono messi a disposizione della classe sono funzionali per lo sviluppo e la crescita, ogni bambino può usare i giochi che più preferisce in base a ciò che gli piace di più. In alcuni casi gli strumenti sono usati in modo specifico per aiutare il bambino a superare determinati problemi.

Il trucco sta nel rendere tutto un gioco, lo studente lavora volentieri e impara senza nemmeno rendersene conto.

L'insegnante deve occuparsi di tenere sempre l'ambiente e gli strumenti in ordine; deve guidare il bambino senza imporsi e supervisionare attentamente le sue attività e il suo percorso, intromettendosi solo se necessario.

1.4-Ambiente

Per la corretta realizzazione del Metodo Montessori è fondamentale lavorare all'interno di un ambiente accogliente e ben strutturato; che soddisfi tutte le necessità dei bambini nelle varie fasce d'età. Più un ambiente è sereno e organizzato e più lo studente si sentirà libero, tranquillo e sicuro di se. Questo è fondamentale per permettergli di lavorare a pieno con gli strumenti disponibili e capire quale strada prendere. Oltre alle cose ovvie, quindi un ambiente sereno e degli strumenti opportuni, la struttura deve anche offrire:

- Un ambiente sempre pulito e ordinato; confusione e sporco creano disagi e rendono il lavoro non piacevole.

- Armonia negli spazi. Tutto deve essere ben strutturato e di bell'aspetto; un bell'ambiente favorisce un bel lavoro e lo sviluppo della creatività e della pace mentale. La concentrazione ne beneficia di conseguenza.

- Strutture e arredamenti a misura di bambino. I banchi dovranno essere più piccoli del normale e anche gli arredamenti del bagno. Lo stesso vale per gli strumenti utilizzati per apprendere; niente deve essere lasciato al caso se si vogliono ottenere ottimi risultati.
- Delle regole ben precise di rispetto e civile convivenza da rispettare

1.5-Strumenti e materiali per l'apprendimento

Il Metodo Montessori mette disposizione del bambino una varietà di strumenti che può andare ad utilizzare liberamente; impara così ad autogestioni e a essere indipendente nelle sue azioni e scelte.

I materiali sono pensati sia per lo sviluppo mentale che psicologico dei bambini; dispongono in generale di:

- Strumenti auto correttivi: serve per aiutare il bambino a non commettere più errori e a migliorarsi autonomamente; senza che l'insegnante agisca in modo diretto. Così facendo lo studente sarà sereno e lavorerà al meglio senza sentirsi sotto pressione o in errore.

- Strumenti analitici: che portano il bambino a concentrarsi su una sola caratteristica del materiale, per esempio il suo peso, la forma, lo spessore ecc. L'obiettivo è quello di sviluppare tutti i sensi uno per uno,

- Strumenti attraenti: strumenti di bell'aspetto che sono facili da utilizzare e che catturano con facilità l'attenzione dei bambini. Così facendo giocano e apprendono senza neanche rendersene conto.

Tra i materiali che sviluppano la vista abbiamo:

- Gli incastri solidi: sono composti da 4 blocchi di legno che servono per comprendere le dimensioni. Individuare cosa p piccolo, cosa è medio e cosa è grande.

- La scala marrone:è composta da 10 prismi in legno.

- I cilindri colorati: 4 scatole di cilindri per allenarsi con la geometria.

- La torre rosa: 10 cubi di legno che partono dal più piccolo al più grande per dimensione. Servono per capire la differenza tra le varie dimensioni.

- Le spolette colorate: servono per giocare con i colori, accoppiarli e creare abbinamenti.

- I solidi geometrici: 10 solidi geometrici che servono per apprendere le basi della geometria giocando.

- L'armadietto delle forme geometriche: è una cassettiera con all'interno 30 figure geometriche ad incastro.

- Le figure ornamentali: sono tre scatole all'interno del quale troviamo diverse figure geometriche fatte di carta di 3 colori diversi. Si possono creare forme creative con quello che si ha a disposizione.

- I triangoli costruttori: sono figure che unite possono formare triangoli.

- L'asta della lunghezza:è composta da 10 aste in legno che variano le une dalle altre per la loro lunghezza. Servono per capire e quantificare la grandezza degli oggetti e individuare a quanto corrispondo nel mondo concreto le dimensioni.

- Il cubo binomio: sono puzzle ad incastro a forma di cubo che possono essere montati e smontati in ogni loro parte.

Tra i materiali che sviluppano il tatto abbiamo:

- Le tavolette del liscio e del ruvido: 4 tavolette un pò lisce e un pò ruvide. Il bambino le toccherà per capire la differenza tra i le due texture.
- La scatola delle stoffe: sono 3 scatole che contengono diversi tipi di stoffa, serve per far percepire al bambino le varie consistenze dei materiali.

Tra i materiali che sviluppano il senso stereognostico abbiamo:

- I sacchetti: sono appunto sacchetti in cui il bambino infila la mano e deve trovare delle coppie di oggetti. Spesso viene cambiato il contenuto per fare in modo che ci sia sempre l'effetto sorpresa e lo studente possa mettersi davvero alla prova.
- La misteri box: è una scatola con due buchi su un lato coperti da della stoffa in modo tale che non si veda

l'interno. Il bambino infila una mano per buco e cercherà di indovinare cosa sta toccando. Ovviamente deve esserci un apertura per inserire precedentemente sempre oggetti diversi.

Tra i materiali che sviluppano l'udito abbiamo:

- I campanelli: sono 26 campanelli, poggiati su due file; una con base di legno, l'altra bianca. Vengono messi 13 per fila.
- I cilindri dei rumori: 12 cilindri che all'interno hanno diversi oggetti producono quindi suoni diversi se agitati.
- Le tavole per il rigo musicale : sono 3 spartiti che consentono di fare pratica cn la posizione delle note sul pentagramma musicale.

Tra gli strumenti per sviluppare il senso barico abbiamo:

- Le tavolette del senso barico: sono 3 contenitori fatti con 3 legni diversi e che hanno quindi un peso diverso tra loro. In ogni contenitore possono essere inserite 6 tavolette. Quello che viene fatto è bendare il bambino che deve poi valutare il peso dei diversi pezzi di legno.

Tra gli strumenti per sviluppare olfatto e gusto abbiamo:

• Le boccette per odorato: sono 12 bottigliette che contengono profumi differenti.

• Le boccette per senso del gusto: sono 4 boccette munite di contagocce che contengono i 4 sapori; salato, amaro, dolce e acido.

Per lo sviluppo del senso termico abbiamo:

• Le borse d'acqua calda: si prendono due borse dell'acqua calda, in una si mette acqua bollente e nell'altra gelida. Il bambino terrà in mano entrambe per capire la differenza delle temperature.

• Gli scaldini:16 scaldini da accoppiare in base al calore che emettono.

• Le tavolette bariche:12 tavolette di materiali diversi; abbiamo feltro, sughero, marmo, legno, ferro e vetro. Il bambino ad occhi chiusi dovrà trovare le coppie.

1.6-Vita sensoriale e pratica

Le azioni pratiche sono alla base dell'istruzione nel Metodo Montessori. Sono state studiate a fondo in modo tale che siano assolutamente adeguate per essere svolte da dei piccoli bambini, vengono ideati giochi relativamente semplici e intuitivi che vanno a stimolare nel modo corretto il cervello e le capacità del soggetto che li utilizza.

L'obiettivo non è tanto imparare a fare i giochi o le varie attività disponibili ma apprendere tutte le competenze che questi mezzi producono. I bambini sapranno come concentrarsi, come essere rispettosi, coordinati, autonomi, e produttivi.

Più i bambini si alleneranno, e più diventeranno bravi, inizialmente potrebbero riscontrare qualche piccola difficoltà, o commettere degli errori; ma col tempo miglioreranno da soli continuando il loro percorso e arrivando a trovare il loro scopo finale, ovvero il loro massimo interesse su cui concentrare tutte le energie e le esercitazioni. Il movimento è quindi importantissimo per il bambino, che con la pratica diventerà sempre più sicuro di sé e deciso; è infatti risaputo che ripetendo tante volte la stessa azione col tempo diventa automatica e viene messa in atto senza neanche pensarci.

Le azioni sensoriali sono invece il semplice riflesso dei bisogni che i bambini hanno, si tratta quindi di qualcosa di molto più importante che delle semplici attività.

I materiali forniti non sono una sostituzione del lavoro dell'insegnante, hanno il solo fine di aiutare i bambini a crescere, a sentirsi sicuri di sé e indipendenti. I soggetti possono usare i mezzi ogni volta che lo desiderano, al fine di soddisfare le loro necessità e desideri; non parliamo quindi di semplici oggetti da intrattenimento.

Non tutti gli strumenti hanno lo stesso grado di difficoltà, inizialmente si saranno oggetti più semplici, andando poi aumentando il livello in modo graduale. Ogni bambino ha i suoi tempi e le sue capacità, non si fanno mai confronti tra i singoli alunni, ognuno fa quello che si sente quanto si sente pronto. È questa la chiave per il successo in questo metodo, la libertà consente di sentirsi tranquilli, rilassati; il cervello si rilassa e funziona al pieno delle sue capacità.

Capitolo 2

2.1-Asilo nido

Il metodo di Montessori è applicabile per i bambini fin dalla prima infanzia.

All'interno del sistema scolastico è necessario che per ogni sei bambini venga assegnato un insegnante educatore.

All'asilo nido possiamo distinguere due gruppi ben distinti di bambini per cui il metodo è stato ideato; quelli che vanno fino ai 2 anni e quelli che vanno dai 2 ai 3. Fino al compimento del secondo anno si seguirà quindi un certo tipo di strategia e in seguito fino ai 3 anni questa andrà modificata.

Nelle zone studiate per i bambini più piccoli gli interni e gli arredamenti verranno progettati per favorire l'equilibrio, la nascita e la stimolazione del sensi, una zona in cui rilassarsi e un settore per svolgere dei lavoretti e giochi.

Nelle zone studiate invece per i bambini più grandi tutto è strutturato per loro, ci sono spazi peri lavori, per muoversi, riposarsi, allenarsi nel parlare e leggere (qui trovano casse che riproducono musica, giochi, libri, audiolibri e molte altre cose). I bambini possono svolgere attività che gli consentono di allenare la vista, il tatto, l'udito, l'olfatto e il gusto. Si cerca di stimolare ogni senso e abilità per permettere ai piccoli di trovare la loro passione. Vengono forniti anche strumenti per la pulizia della casa, quali scope, stracci, scatole, ciotole ecc...

Sicurante non mancano le attività da svolgere e i mezzi con cui attuarle; tutto è utile e ha un fine ultimo.

I bambini escono dall'asilo già parzialmente formati, giocando hanno assunto moltissime competenze con una certa facilità e sono pronti a proseguire il loro percorso.

2.2-Scuola dell'infanzia

Le scuole che seguono il Metodo Montessori vengono comunemente definite come "case dei bambini"; all'interno delle quali vengono inseriti bambini con una fascia d'età che va dai 3 anni ai 6.

La prima tra queste fu fondata nel 1907 a Roma, in seguito si diffusero in Italia e piano piano in tutto il mondo.

Durante una giornata tipo di asilo in cui viene seguito il Metodo Montessori vengono svolte moltissime attività di diverso tipo:

- Lavori pratici: alla base del Metodo Montessori si crede che uno dei migliori modi per far imparare al bambino a utilizzare al meglio il suo corpo e la sua mente, è quello di farli svolgere faccende domestiche; come lavare i piatti, apparecchiare, piegare i vestiti. Sono tutti movimenti semplici che permettono di imparare a pieno a fare ragionamenti logici, organizzarsi, occuparsi dell'ambiente e di se stessi.

- Lavori matematici: vengono fatti con strumenti e figure geometriche servono per prendere confidenza con i numeri, i calcoli e la geometria. Così facendo riescono a rendere divertenti argomenti normalmente noiosi.

- Lavori sociali e a sfondo scientifico: svolgono attività botaniche, bagnano le piante e l'erba, piantano semi; studiano la geografia e i vari luoghi del mondo; entrano in contatto con animali, organizzano gite in fattorie dove nutrono e accudiscono alcune specie.

- Lavori di tipo sensoriale: sono ideati per sviluppare e rafforzare la capacità del bambino di individuare e capire le varie lunghezze, i pesi e i colori. Si usano strumenti come pezzi di stoffa, giochi ad incastro, ecc. il bambino impara giocando.

- Lavori di linguaggio e lessicali: vengono usate materiali con lettere di plastica, alfabeti mobili, lettere in rilievo; i bambini giocano con questi oggetti senza rendersi conto che nel mentre stanno apprendendo i fondamenti della lettura e della scrittura. Col tempo andranno poi a consolidare e sviluppare le loro competenze. Grazie a questi giochi sarà tutto naturale, semplice e non traumatico. Il trucco sta nel rendere tutto un gioco piacevole, se il bambino si diverte non si annoia e apprende con entusiasmo.

2.3-Scuola primaria

Vediamo ora come è organizzata la scuola primaria secondo questo metodo:

- Bambini con età diverse nella stessa classe: i bambini non sono divisi in classi in base all'età comune come avviene nelle scuole normali, diverse fasce d'età vengono mischiate; questo serve per aiutare gli studenti a crescere imparando gli uni dagli altri.

- Si impara a gestire il tempo nei migliori dei modi: apprendere fin da piccoli l'importanza del tempo e la sua gestione è fondamentale per diventare persone organizzate e produttive.

- Libertà d'azione: in via generale gli studenti hanno libera scelta sulle attività e i giochi da compiere, vengono aiutati e indirizzati gli insegnanti solo in determinate situazioni. La libertà e l'autonomia sono importantissime per la crescita corretta del bambino.

- No ai compiti: ai bambini non vengono assegnati compiti obbligatori da svolgere a casa, ogni bambino può concentrarsi liberamente anche a casa sugli argomenti o le attività che preferisce. La libertà favorisce la creatività e la crescita.

- Argomenti oggetto di studio: gli argomenti studiati sono svariati e flessibili, questo stimola la mente e incentiva i bambini ad applicarsi al meglio.

- Voti e risultati: non vengono assegnati i classici voti agli studenti. La cosa più importante è l'autovalutazione e la volontà di migliorare sempre.

- Durata delle attività: idealmente bisognerebbe seguire sessioni di lavoro di almeno 3 ore consecutive per allenare i bambini al meglio.

2.4-Quando l'alunno passa ad una scuola normale dopo essere stato in una di tipo montessoriano

Nel momento in cui uno studente passa da una scuola in cui viene seguito il modello Montessori, a una scuola normale; può essere abbastanza traumatico.

Nelle scuole tradizionali si impongono ai bambini regole rigide da rispettare senza deroghe, la libertà dell'altro metodo viene quindi stroncata e sommersa da regole e imposizioni.

2.5-Scuole pubbliche

Il Metodo Montessori veniva in passato praticato quasi esclusivamente in scuole private più o meno costose; oggi il metodo sta entrando a far parte anche del mondo delle scuole pubbliche; questo grazie all'associazione "Montessori scuola pubblica", che si occupa di finanziare la collaborazione tra l'Opera nazionale Montessori e il Ministro dell'Istruzione.

Grazie a questo cambiamento i genitori anche meno abbienti possono permettersi di mandare i figli in scuole pubbliche che però offrono un livello d'istruzione innovativo e moderno; senza quindi l'esborso di cifre economiche considerevoli.

Vengono quindi istituite tutta una serie di asili e scuole primarie di tipo statale che seguono alla lettera il Metodo Montessori, e promuovono attività anche nelle scuole secondarie. Per aiutare gli studenti che non sanno che cosa sia il sistema Montessori ad arricchirsi con nuove competenze e esercizi.

"Montessori scuola pubblica" fa parte della rete montessori situata a Milano, che comprende insegnanti e genitori che credono in questo progetto; si impegna a sviluppare gruppi di ricerca, corsi di formazione e aggiornamento, campagne di divulgazione delle varie nozioni, assiste le scuole che si approcciano per la prima volta al metodo. Insomma è un punto di rifermento per tutti e agisce sempre col fine di rendere il Metodo

Montessori sempre più apprezzato, capito e conosciuto. Moltissime persone collaborano al progetto, e si sa, l'unione fa la forza.

L'associazione lavora principalmente nella zona di Milano ma è un punto di riferimento per tutta Italia, arrivano giornalmente domande e richieste da persone che vivono nelle zone più disparate. Le persone sono quindi concretamente interessate, ispirate e bramose di avere sempre più informazioni. La curiosità è anche sintomo di successo; questo significa che il sistema Montessori funziona molto bene e le persone ne parlano bene.

Si prospetta quindi una costate crescita delle istituzioni e delle scuole Montessori, chissà che un giorno tutte le scuole seguiranno questo programma. Nel mentre gli studi continuano e vengono apportate modifiche o cambiamenti al sistema nel momento in cui gli studiosi si rendono conto che secondo le statistiche qualcosa non funziona più, o qualcosa è da cambiare lievemente.

Piano piano da Milano magari l'associazione scuola pubblica si diffonderà e aprirò altre filali nel centro e nel sud d'Italia.

A ogni modo in internet si può andare a cercare il sito dell'associazione in cui sono indicate tutta una serie di informazioni che possono andare a chiarire eventuali dubbi o domande. Possono anche essere contattati direttamente dal sito con facilità, rapidità e senza problemi.

Il Metodo Montessori sta avendo un grande successo solo nell'ultimo periodo, ha quindi bisogno di prendere davvero piede e di espandersi sempre di più. Molte persone non si interessano a questo argomento semplicemente perché non ne sono a conoscenza; è quindi fondamentale fare propaganda e informazione ai genitori sulle varie opzioni che sono messe a disposizione dei loro figli, prima di prendere una scelta su a che scuola iscriverli.

Capitolo 3

3.1-I diversi livelli di sviluppo dell'individuo

Maria Montessori all'interno del suo metodo ha designato quattro distinte fasi dello sviluppo dell'uomo. Sono le seguenti:

- Primo livello; dal momento della nascita fino al compimento del sesto anno di vita: durante questo periodo di vita il bambino cresce a livello fisico e mentale con estrema rapidità; è come un esploratore che si affaccia al mondo e si incammina lungo la strada verso la scoperta e lo sviluppo di se stesso. Il cervello in questo livello viene definito come "mente assorbente"; il bambino apprende da qualsiasi stimolo riceve dalle altre persone e dall'ambiente circostante, pian piano inizia a formare il suo carattere e la sua personalità. Non è un'azione che compie consapevolmente, avviene in modo automatico fino all'età di 3 anni; da quel momento in poi entra in gioco anche la "mente cosciente". Quest'ultima permette di iniziare a fare chiarezza e a dare un senso logico a tutte le informazioni raccolte durante gli anni precedenti e da lì in poi. Montessori ha anche individuato dei "momenti sensibili", ovvero delle fasi in cui il bambino è estremamente percettivo verso tutti gli stimoli; è importante che l'ambiente circostante e le persone siano pronti per assisterli e aiutarli a crescere nel migliore dei modi in questi periodi. Per ultima cosa è stato individuato da Montessori che nella fascia d'età che va dai 3 ai 6 anni si va incontro a una "normalizzazione" che punta tutto sulla crescita del bambino in autonomia e grazie ai supporti forniti; considerando sempre la libertà un punto saldo.

- Secondo livello; dai 6 anni ai 12: è un periodo durante il quale i bambini tendono a crescere notevolmente e a cambiare, sia per quanto riguarda l'aspetto fisico che quello psicologico. È stato progettato un ambiente d'apprendimento adeguato e salutare, che fornisca tutti gli strumenti di cui il soggetto ha bisogno. I principali cambiamenti fisici corrispondono all'aumento dell'altezza e quindi all'allungamento del busto e delle gambe, e alla caduta dei denti da latte; in generale si ha una crescita proporzionata di tutto il corpo. Per quanto riguarda l'aspetto sociale e intellettivo il bambino inizia a collaborare con gli altri, lavorando in gruppo e sviluppando al meglio la sua fantasia e le sue idee. Il bambino inizia a usare la coscienza e la morale, capendo la differenza tra giusto e sbagliato.

- Terzo livello; dai 12 ai 18: questo è il periodo dell'adolescenza, i soggetti attraversano la pubertà; hanno quindi grandi cambiamenti fisici e psicologici. I comportamenti e i modi di fare cambiano e si adattano alla realtà. I ragazzi cercano di valorizzarsi al massimo e trovare il loro posto nel mondo.
- Quarto livello; dai 18 ai 24: non esiste un programma specifico per questa fascia d'età. Montessori ha considerato che le persone arrivate ai 18 anni fossero in grado di fare tesoro di tutto quello appreso in precedenza; in questo modo ci si trova di fronte a giovani adulti, autonomi e liberi.

Per ogni fascia d'età ci sono programmi di apprendimento e strategie d'azione specifiche. In ogni fascia si andranno a stimolare diversi aspetti per portare l'individuo a sviluppare al massimo le suo competenze e capacità.

Capitolo 4

4.1-Scuole private e scuole pubbliche

Negli ultimi anni il Metodo Montessori ha riscontrato un grande successo in Italia, ha ripreso piede e si è diffuso ovunque; questo anche grazie alle conferme sul suo funzionamento data da diversi studi neuro scientifici. I genitori fanno a gara per mandare i figli in questo tipo di scuole che sono di solito di tipo privato e quindi a pagamento. Vista la costante domanda da parte delle famiglie per questo tipo di insegnamento ormai anche le scuole publiche si stanno attrezzando per fornire questo tipo di servizio a tutti, anche ai meno abbienti. La comunità montessoriana ha fatto davvero un grande lavoro di promozione e diffusione, ha rinnovato tutto il sistema scolastico con estrema semplicità e rapidità.

Se si vuole fare una stima è difficile individuare a livello di numeri esatti quante scuole e di quale tipo applicano il metodo, si sa che ormai ce ne sono davvero moltissime in ogni parte del mondo; si parla di scuola del futuro.

Da moltissimi anni a Roma è aperta una scuola completamente montessoriana di tipo statale quindi pubblica; se ne trovano anche altre miste di tipo pubblico, quindi metà tradizionali e per metà seguono il Metodo Montessori. Quello di Roma ospita ogni anno un migliaio di studenti che frequentano sia l'asilo che la scuola primaria; è una vera istituzione affermata e ben sviluppata ed attrezzata.

Agli esordi, quando Maria Montessori ha inventato il metodo, ha riscontrato diverse difficoltà nel farsi accettare, nell'essere credibile e nel fare applicare il suo progetto. Si è impegnata per diffonderlo e ha avuto il sostegno di alcune sue studentesse, oggi insegnanti nella scuola di Roma; che si sono schierata dalla sua parte. Purtroppo per anni tutti hanno voltato le spalle a Montessori, le novità fanno sempre paura e non sono ben accette, soprattutto se riguardano qualcosa di importante come il sistema scolastico e la crescita psicologica e fisica dei bambini.

Un problema che è stato spesso riscontrato è la non corretta applicazione del metodo all'interno della scuola pubblica, capita che venga modificato in alcune parti o vengano completamente eliminate delle componenti significative; perché funzioni deve essere rispettato nel suo complesso, come si deve, senza eccezioni. È un sistema rivoluzionario, deve quindi essere seguito alla lettera e con grande impegno, non può essere riadattato a piacimento o sottovalutato.

4.2-La sfida delle scuole statali

Applicare il progetto Montessori all'interno delle scuole statali pubbliche può essere molto più complesso di quello che si può pensare; ma con il giusto impegno può essere seguito nel modo corretto, bisogna seguire qualche accortezza. È fondamentale seguire la "legge sull'autonomia scolastica", che permette di gestire al meglio tutte le circolari che vengono distribuite e le varie regole imposte; e che gli insegnanti siano ben addestrati e competenti. Se sono presenti questi fattori si potrà dare sfogo alla creatività e alla dinamicità senza dover affrontare troppi problemi.

Con questo metodo la scuola e i bambini sono visti in modo completamente diverso rispetto al sistema tradizionale, non si parla di una maggiore performance o una competitività con le scuole normali; il concetto di competizione non esiste in questo sistema; si parla solo di miglioramento e benessere dei singoli individui al fine di stare meglio con se stessi e l'ambiente circostante.

Un errore che viene spesso commesso è quello di utilizzare strumenti appartenenti al progetto Montessori all'interno di classi tradizionali e convenzionali; in questo contesto i mezzi perdono valore e non svolgono la funzione per cui sono stati creati. Non vanno usati come strumento del docente per rendere meglio i concetti, ma come attività che consente agli studenti in autonomia di apprendere e scoprire se stessi (il docente dà solo brevi introduzioni generali sull'utilizzo dei vari strumenti disponibili.)

All'interno delle scuole statali è necessario dare delle valutazioni agli studenti, mettere dei voti, ma all'interno del sistema Montessori non sono previste valutazioni di questo tipo; è stato quindi individuato un compromesso per aggirare questo problema, si utilizza una scheda di valutazione ben progettata. A ogni modo durante le lezioni vale il principio di autovalutazione dello studente tramite lo svolgimento di attività in modo autonomo senza che l'insegnante lo giudichi.

L'insegnante si limita a far vedere all'allievo come si manovrano gli oggetti, soprattuto nella fascia d'età che vai dai 3 ai 6 anni, in modo tale che impari e poi possa agire fin da subito in completa autonomia; d'altronde questa è una fascia d'età dove i bambini sono come spugne, apprendono davvero molto senza fare molta fatica, gli esce naturale. Possono poi una volta capito come usare tutti gli attrezzi esplorare e provare ad utilizzarli a loro piacimento, fino a quando capiranno e individuarono la loro strada, ciò che preferiscono fare, e ciò per cui sono particolarmente portati; quando lo scopriranno si concentreranno su quello liberamente. Non tutti possono essere bravi in tutto, ognuno andrà in futuro a seguire un percorso di vita diverso, un lavoro diverso; è quindi giusto che ognuno si focalizzi solo su quello che vorrà poi fare senza divagare su argomenti e materie che non piacciono o per cui non si è portati affatto. Ognuno è quindi libero di sperimentare, fare delle riflessioni e scegliere per se stesso senza essere obbligato o spinto da nessuno.

4.3-Applicazione del metodo nelle scuole medie

L'applicazione del Metodo Montessori nelle scuole medie è un progetto di tipo sperimentale. In via generale in Italia l'applicazione del metodo si ferma con la fine delle scuole elementari; in Lombardia però da qualche tempo le cose sono diverse. Il ministro dell'istruzione ha dato il consenso a quattro istituti di provare a continuare anche alle medie (secondarie di primo grado) questa tipologia di studio. Tre di questi sono situati a Milano, e uno a Cinisello. In questi casi parliamo di un progetto di sperimentazione temporaneo e non definitivo, si attuerà un anno di prova e se si otterranno dei buoni risultati il metodo di lavoro verrà allora reso permanente e definitivo. Per ora si stanno ottenendo buoni risultati, questo anche grazie a degli insegnanti davvero ben formati, estremamente competenti e diligenti. A incentivare lo sviluppo di questo progetto sono stati in primis i genitori degli studenti in collaborazione con il comune di Milano che ha finanziato l'acquisto di tutti gli strumenti necessari, hanno tutto lavorato con impegno per riuscire a dare il via a questa iniziativa.

Secondo gli insegnanti formati col Metodo Montessori continuare il modello anche alle medie è importantissimo per un pieno sviluppo degli studenti. Avranno ancora di più l'opportunità di scoprire se stessi e di capire a fondo ciò che amano e non amano fare. In questa fase della vita vanno incontro alla pubertà, a molti cambiamenti, crescono notevolmente e si schiariscono le idee su alcune cose. Iniziano a ragionare a fondo e a controllarsi a pieno. Questi tre anni in più sono davvero importantissimi, ed è giusto che vengano impiegati per un maggiore approfondimento dell'individualità e l'autonomia dei soggetti. Magari in futuro si riuscirà ad estendere questo progetto anche ad altre scuole al di fuori della Lombardia; se si vedranno dei risultati concreti sicuramente il cambiamento non tarderà ad arrivare e a diffondersi.

Gli studenti lavorano in autonomia e libertà, creando dei gruppi con altri ragazzi se lo desiderano, per compiere determinati progetti o lavori. Sono liberi di fare quello che vogliono, ovviamente nei limiti; devono comunque mantenere dei comportamenti corretti e impegnarsi in ciò che amano fare. Non vengono studiate tutte le materie singolarmente ma si affronta tutto insieme, c'è una grande dinamicità e fluidità negli insegnamenti.

Non si fanno verifiche con valutazioni numeriche, viene solo valutato se lo studente raggiunge gli obiettivi che si era proposto. Nel caso di errori o problemi l'insegnante parlerà tranquillamente con il ragazzo invogliandolo semplicemente a migliorarsi. Durante il terzo anno si inizia però ad utilizzare il voto, per preparare lo studente alle superiori; in questo modo non avrà un approccio troppo traumatico alla nuova avventura che lo aspetterà. Passo dopo passo si andrà a indirizzare il ragazzo verso il metodo che dovrà poi seguire alle superiori.

Oltre che a Milano, anche a Perugia c'è un centro Montessori Internazionale che segue i ragazzi dall'asilo fino alla fine delle superiori, e quindi alla maturità. Quesì struttura è nata nel 1950, agli esordi di Maria Montessori; quando il metodo ha iniziato a prendere piede e a diffondersi nel mondo. Questa struttura si occupa di

formare i ragazzi e anche di fare ricerche di tipo psicopedagogico osservandoli. Ciò che rende unico questo istituto è che si spinge lungo tutto il percorso scolastico, fino alle superiori; si tratta di una vera e propria sfida che è stata però portata a termine in modo ottimale. Come sempre gli studenti sono liberi si lavorare in autonomia in classe e di seguire i propri interessi e gusti personali. Ciò che fanno i ragazzi è complire un piano di studi scegliendo quale percorso percorrere in base alle loro propensioni; possono seguire argomenti del liceo classico, di quello linguistico, quello sportivo, economico, sociale ecc...
Questo percorso in Italia è attuato solo li, invece nel resto del mondo è molto sviluppato.

4.4-Come vengono istruiti e formati gli insegnanti

Uno degli elementi più importanti per la corretta applicazione del Metodo Montessori è avere a disposizione degli insegnanti preparati, efficienti e ben formati. Devono seguire dei corsi specifici che in Italia sono tenuti dall'Opera Nazionale che offre servizi, corsi e aggiornamenti; si assicura che tutti i docenti siano pronti e ben informati prima di rilasciarli certificazioni che gli consentano di agire sul campo. Quando i soggetti finiscono il corso vengono anche indirizzati sulle scuole per cui fare domanda; forniscono elenchi di nomi di istituti con cui hanno convenzioni e contatti e che stanno cercando nuovi insegnanti. Si parla quindi di un servizio completo sotto ogni aspetto.

Un'altra associazione che si occupa della formazione è la "fondazione centro Internazionale di studi montessoriani", è stata creata dal figlio di Maria Montessori nel 1961, ed è situata a Bergamo.

Esiste anche il Centro Nascita Montessori, situato a Roma, si occupa della fascia d'età che va dai 0 ai 3 anni, promuove l'unione della formazione per insegnanti di asilo nido e asilo. Alcuni fanno l'errore di vedere le due fasi come completamente differenti e distinte. Col passaggio da un livello all'altro si pensa che ci debba essere un grande miglioramento nelle prestazioni del bambino; in realtà il passaggio deve essere il più semplice e armonioso possibile, come se fosse tutto un unico percorso collegato. Se così non fosse il bambino potrebbe subire dei traumi e avere poi difficoltà nell'apprendimento.

Quest'ultima struttura si occupa anche di gestire 3 asili nido, e è fornita di gruppi di studiosi esperti che valutano i comportamenti dei bambini e stilano dei piani d'azione e delle considerazioni sul metodo.

Negli ultimi anni anche la sede Italiana della fondazione Montessori che si trova a Trento ha ricevuto le autorizzazioni per diventare un centro di formazione; organizza corsi e attività per formare insegnanti competenti e pronti a mettersi in gioco in rispetto delle idee che il progetto propone. Rilascia quindi certificazioni importanti, e si occupa di affiancare in particolare 15 scuole specifiche che si trovano nella zona del Piemonte.

Un ultima struttura da tenere in considerazione per la formazione dei docenti è l'associazione Montessori in Pratica; questa non è riconosciuta dal Miur perché la preparazione dei docenti avviene attraverso il computer e quindi online, e si concentra solo su alcuni aspetti pratici, non sull'intero programma creato da Maria Montessori.

Capitolo 5

5.1-Metodo Montessori nel mondo

Ormai le scuole che seguono il Metodo Montessori non sono diffuse sono in Italia, ma in ogni parte del mondo; hanno abbattuto barriere linguistiche, politiche, religiose e sociali.

Giorno dopo giorno vanno ad aumentare sempre più, e incrementa il numero anche delle strutture di formazione che si occupano di preparare insegnanti che andranno poi a lavorare in queste scuole; è stato ideato un vero e proprio sistema d'apprendimento straordinario e estremamente efficace. Sia insegnanti, che alunni e genitori ne beneficiano.

Vediamo nelle varie zone del mondo come si è diffuso il metodo:

- Europa: in questo continente troviamo quasi 3000 scuole Montessori private e pubbliche; sono diffuse in ogni stato, persino nell'ex Unione Sovietica e in Russia (che sono territori in cui vige una mentalità ancora un pò chiusa e arretrata su diversi argomenti). Le zone in cui c'è una maggiore concentrazione di scuole Montessori sono quelle scandinave e anglosassoni, dove l'istruzione è fondamentale e raggiunge altissimi livelli. Questo fa capire quanto possa essere efficiente questo metodo.

- Africa: anche se è un territorio in cui c'è molta povertà e sottosviluppo, esistono diverse scuole che usano il Metodo Montessori, soprattuto in Sud Africa, Tanzania, Senegal, Marocco e Nigeria. In questo continente esiste un' iniziativa che si chiama " the corner of hope"; è un progetto internazionale, che ha lo scopo di raccogliere fondi per creare una scuola Montessori per i bambini che sono rifugiati in Kenia. Ovviamente si occuperà anche di formare insegnanti competenti. È un work in progress che si spera possa essere portato a termine il prima possibile.

- America settentrionale: le scuole Montessori sono comuni in Messico, Canada e Stati Uniti.

- Asia: anche qui sono diffusissime; si trovano in Arabia Saudita, Turchia, Giappone, Cina, India, Vietnam, Corea e Thailandia. Particolarmente importante in quest'area del mondo è l'associazione "Tibetan Children Village", che promuove e sviluppa il Metodo Montessori negli asili, conosciuti anche come "case dei bambini".

- Oceania: in questo continente ci sono moltissime scuole che seguono il Metodo Montessori; sono sparse per tutta la Nuova Zelanda e l'Australia.
- America centrale e del sud: qui se ne trovano diverse in Brasile, Panama, Costa Rica, Venezuela, Argentina e Cile. Sono davvero diffuse.

5.2-Studi scientifici

Il metodo ideato e creato da Maria Montessori, nel corso degli anni è stato studio di diversi scienziati che volevano verificare l'efficacia o meno di quanto progettato.

Tra i diversi studi uno in particolare effettuato verso la fine degli anni 90 in America, ha dimostrato la validità del metodo per aiutare bambini con difficoltà di concentrazione e apprendimento. Questa conferma ha permesso che il governo degli Stati Uniti desse il via a fondazioni e campagne di finanziamento per sostenere questo progetto e la sua diffusione nelle scuole americane.

Negli anni seguenti gli studi sono continuati mettendo a confronto 4 gruppi di ragazzi, due gruppi erano composti da studenti che frequentavano scuole in cui veniva seguito il Metodo Montessori; e due venivano da scuole tradizionali. Un gruppo per ogni scuola conteneva bambini di 6 anni, e l'altro di 12. È stato fatto un confronto fra i risultati di tutti gli studenti, e si è riscontrato che quelli che seguivano il Metodo Montessori erano più attivi e svegli sotto tutti i punti di vista. (Sia da quello intellettivo che sociale).

È quindi concretamente dimostrato che è un tipo di processo di apprendimento molto valido e produttivo.

Capitolo 6

6.1-Funziona davvero questo metodo?

Col Metodo Montessori gli studenti sono liberi, determinano loro cosa studiare, come e quando. Durante le lezioni non devono stare seduti al tavolo ma possono muoversi, lavorare, giocare, parlare con i compagni, fare attività fisica e socializzare a piacimento. Non hanno la pressione di voti, note, sgridate, punizioni; come succede invece nelle scuole tradizionali; non sono mai giudicati ne criticati.

Ormai in tutto il mondo i genitori bramano di poter mandare i loro figli in scuole di questo tipo; diversi personaggi famosi escono da queste strutture, come i fondatori di Google o Amazon. Si parla di grandi uomini nel mondo degli affari; sarà forse stato proprio il metodo ideato da Maria Montessori ad aiutarli e spronarli verso il successo? Persino la famiglia reale inglese sceglie scuole di questo tipo, qualcosa vorrà dire.

Insomma questo sistema continua a far parlare di se, dividendo le persone in due; quelli che ci credono e quelli che invece pensano che non sia un processo d'istruzione corretto. D'altronde come ogni argomento o fenomeno di massa, cattura l'attenzione di tutti in ogni parte del mondo; vengono infatti organizzati spesso convegni e incontri in cui si analizza e si discute di questo sistema. Il confronto è sempre molto importante per capire un'argomento, e in caso migliorarlo.

Tra i benefici del Metodo Montessori abbiamo un livello di stress sostanzialmente pari a zero, i bambini lavorano soli senza le pressioni degli insegnanti o dei compagni; agiscono secondo i loro tempi con tranquillità. Non esistono valutazioni numeriche e gli errori non sono considerati come qualcosa di cui pentirsi e vergognarsi, ma un'occasione per imparare.

I genitori sono spesso combattuti su il tipo di scuola a cui iscrivere i figli; hanno paura che il passaggio da una scuola Montessori a una tradizionale possa essere molto problematico, ma è davvero così o è solo una preoccupazione insensata?

6.2-Vantaggi

Molti uomini e donne adulti che hanno in passato frequentato questo tipo scuola dicono che i vantaggi sono:

- L'avere sviluppato una maggiore creatività, curiosità, una grande apertura mentale e una voglia matta di essere liberi e indipendenti rispetto ai ragazzi delle scuole tradizionali.

- Per quanto riguarda invece il successivo passaggio alla scuola pubblica tradizionale si sono riscontrati solo piccoli problemi soprattuto per quanto riguarda le regole e la disciplina rigida. Gli studenti percepivano molte regole come inutili e insensate, del tutto superflui; questo forse perché erano prima abituati a poche regole, ma significative e basta. Questo è comunque visto come positivo, significa che si è sviluppato un forte lato critico che permette di analizzare ciò che serve e ciò che non serve.

- Ha lasciato negli studenti la convinzione di poter risolvere problemi matematici complessi in modi alternativi; per esempio quando non ci si ricorda una specifica formula, una frase, una data, non significa che le speranze sono perse. Si può giungere alla soluzione usando un pò di creatività, furbizia e dinamicità. Non c'è un solo modo per ottenere il risultato finale.

- Un forte senso di libertà viene riscontrato tra tutti gli ex studenti. Sono pronti a partire, ad adattarsi a ogni tipo di situazione, sono caratterizzati da creatività, spirito di avventura e un forte senso pratico. Questo metodi insegna a buttarsi e rischiare nella vita; quanto appena detto può anche essere solo sintomo di un carattere forte, ma si è notato che è anche qualcosa che accomuna la maggior parte delle persone che frequentano scuole Montessori.

- Lo sviluppo di un forte spirito di gruppo e volontà di condivisione con i compagni di classe.

- Questo sistema forma dei giovani adulti, insegnano loro il rispetto per l'ambiente, per gli spazi comuni, per la pulizia, apprendono a considerare importante il proprio lavoro e quello degli altri. Tutto ciò che veniva utilizzato doveva poi essere rimesso via, se si sporcava si puliva e si faceva in modo che tutto fosse sempre al meglio. Questo aiuta i bambini a diventare svegli e perspicaci, imparano ad arrangiarsi a fare un pò di tutto. Facevano anche apparecchiare, sparecchiare, pulire i tavoli, lavare i bicchieri. Tutte cose che torneranno poi molto utili nella vita futura; vengono assimilate competenze che non vengono fornite in asili e scuole normali.

- Molti la considerano la scuola più utile che hanno frequentato, anche meglio dell'università. Ci sono ex studenti che dichiarano di essere arrivati a 6 anni con idee chiare su se stessi e sul futuro, e con competenze varie e ben sviluppate. Insomma un vero capolavoro.

- Insegna l'adattamento, di conseguenza anche con i futuri cambi di scuola non dovrebbero esserci problemi. Ogni situazione è gestibile e accettabile, è solo una questione di abitudini. Con la preparazione ricevuta si riuscirà ad affrontare ogni tipo di problema in autonomia, senza demoralizzarsi e piangersi addosso.

6.3-Svantaggi

Alcuni dei disagi comunque lievi riscontrati col passaggio alla scuola tradizionale sono i seguenti:

- L'impossibilità di ricevere e chiedere aiuto ai compagni quando lo si desidera, in una scuola normale se si parla con un compagno durante la lezione si rischia di prendere una nota o essere sgridati.

- Imparare ad utilizzare quaderni, carta, biro, pennarelli, calcolatrici. Per esempio nelle scuole normali la matematica viene studiato come qualcosa di astratto, nelle scuole montessori tutto è concreto. Questo inizialmente può creare qualche difficoltà, bisogna cambiare il modo di visualizzare nella testa le informazioni. Effettivamente lavorare con strumenti concreti è più semplice per capire e collocare nel mondo reale quanto imparato.

- L'ansia e la paura per le verifiche e le interrogazioni. Venire valutati in continuazione fa paura se non si è abituati a questo tipo di processo. Basta partire dal presupposto che comunque sbagliando si impara, se una verifica va male bisogna impegnarsi e cercare di migliorare con la prossima; niente è irrecuperabile se ci si mette la giusta costanza e il giusto impegno.

Ci sono invece ex studenti che dichiarano di aver dimenticato tutto ciò che avevano appreso durante la scuola Montessori e la ritengono quindi abbastanza inutile, o comunque di passaggio. Ritengono che a un certo punto andare in una scuola tradizionale sia importante, vediamo perché:

- Il passaggio a una scuola tradizionale può essere davvero molto stressante e spaventoso; piccole cose che prima erano normali, come dare del tu agli insegnanti, diventando divieti inderogabili. Agli insegnanti bisogna dare del lei nelle scuole normali!
- È fondamentale andare in una scuola tradizionale, quella Montessori è solo una bolla di protezione che non ti fa crescere e non ti fa vedere la vita reale per quello che è.
- Ci si ritrova a percepire dei disagi che dovrebbero invece essere cose normali. Alcuni ex studenti dicono di aver provato una sensazione di tristezza e disagio quando in

una scuola tradizionale l'insegnante si rivolgeva a loro chiamandoli per cognome. In realtà dovrebbe essere una cosa normale, a cui però non si viene abituati con il percorso Montessori.

- Il crearsi di seri problemi comportamentali. Nelle scuole Montessori ci si può alzare dal banco o parlare a piacimento, senza chiedere il permesso a nessuno. Questo si ripercuote poi con l'arrivo alle medie e alle superiori. Bisogna imparare a limitare enormemente le proprie azioni e pensieri, questo per i ragazzi abituati ad esprimersi risulta essere davvero pesante e difficile da gestire. Ovviamente con Montessori ci sono delle regole, ma sono poche e davvero significative, purtroppo a volte nelle scuole tradizionali si tende ad esagerare, come capita anche spesso nel mondo del lavoro o nella vita di tutti i giorni.

- Nella vita non insegna ad essere rapidi. Persone lente restano lente e riscontrano poi problemi nel lavoro o in generale nei rapporti con gli altri. D'altra parte durante il lavoro non si prova ansia, non ci si sveglia la mattina con l'angoscia; si vive ogni situazione con tranquillità.

Questo è molto positivo, ma non sempre. Se ci sono scadenze è anche giusto provare un pò di ansia salutare per velocizzarsi e portare a termine il compito o la mansione in tempi ridotti e in modo efficiente.

- A scuola inizialmente, subito dopo il passaggio, si possono riscontrare serissimi problemi. Alcuni studenti raccontano di liti con professori e presidi perché non finivano i loro compiti o le verifiche nei tempo richiesti, e non capivano quale fosse il problema. Il gestire i tempi può diventare un disagio considerevole se non si è mai stati abituati a farlo. È forse qualcosa difficile da capire per chi ha sempre frequentato solo scuole tradizionali. Ci vuole poi molto tempo per mettersi in carreggiata e in pari con gli altri. I risultati delle verifiche possono essere anche molto positivi, ma se non si rispettano delle tempistiche prestabilite non va bene. Questo si può poi ripercuotere anche in ambito lavorativo. Um bambino vive molto male questo tipo di situazione, si sente costantemente col fiato sul collo, pronto ad essere aggredito.

Facendo quindi delle considerazioni generali si può dire che sia utile seguire una scuola in cui vige il Metodo Montessori, ma non per sempre. A un certo punto bisogna passare a scuole tradizionali; è giusto mixare le informazioni e gli insegnamenti che si raccolgono da entrambi i sistemi.

Il Metodo Montessori fornisce fiducia in se stessi ma va bene fino massimo la scuola primaria.

Ognuno ha poi la sua opinione e la sua singolare esperienza; di base non c'è un giusto o sbagliato; ogni persona può fare ciò che meglio crede in base alle sue esigenze e capacità. Basta pensare sempre bene a ciò che si fa, e metterci tutto l'impegno e la determinazione possibili.

6.4-Critiche al metodo

Negli anni sono state fatte molte critiche al metodo ideato da Montessori. Vediamo quali sono:

- Si ha un contrasto troppo netto tra l'idea del bambino che è buono, e l'adulto che invece è malvagio e non giusto.

- Per quanto riguarda l'apprendimento si pensa che gli strumenti usati per studiare siano troppo complessi e vengano usati in modo ossessivo. I bambini non imparerebbero quindi bene come viene invece promesso.

- Sul piano sociale si pensa che i bambini al posto di socializzare ed aprirsi si chiudano a riccio, diventando asociali. D'altronde agiscono sempre in solitaria e di conseguenza non sono abituati a relazionarsi con il prossimo. Questo è un vero problema per dei bambini, che dovrebbero invece imparare a comunicare e a farsi degli amici.

Nonostante le diverse critiche e i dubbi che lo riguardano; questo metodo è diffusissimo in Italia e nel resto del mondo. Questo significa che in fin dei conti i problemi elencati non sono reali, o non sono gravi come sembrano; il metodo avrebbe sennò già cessato di esistere e le scuole sarebbero tornate al modello tradizionale con rapidità.

Conclusioni

Concludiamo analizzando le differenze tra il Metodo Montessori e quello Tradizionale.

Facciamo un elenco:

• Montessori:

- Alla base abbiamo la libertà e un profondo rispetto del bambino, lo studio e l'educazione sono un sostegno fornito al suo processo di sviluppo che avviene in modo estremamente naturale.

- Si parte dal presupposto che ogni bambino è diverso dall'altro; ognuno ha doti e tempi d'apprendimento diversi. Viene presa in considerazione la libertà dell'individuo e la sua unicità per indirizzarlo sulla strada migliore da percorrere. Ogni caso è quindi a se.

- L'insegnante non sottomette ii bambini, ma collabora con loro, seguendo metodi e programmi differenti per ogni singolo.

- I bambini apprendono nozioni e contenuti grazie alle esperienze che vivono grazie all'utilizzo del materiale didattico tipo del modello Montessori.

- Gli alunni sono liberi di muoversi come meglio credono e possono utilizzare tutto gli strumenti che hanno a disposizione liberamente, secondo i loro gusti. Attraverso i movimenti compiuti con gli strumenti e il libero muoversi si impara.

- L'autostima proviene solo e soltanto dal bambino, è lui stesso che si auto valuta e cerca di migliorarsi per diventare uno studente e una persona migliore. Non c'è competizione con gli altri, si lavora con il fine di fare del bene a se stessi e basta. Ogni bambino punta al meglio solo e soltanto per se stesso.

- Classi con bambini di età differenti. Durante le lezioni gli studenti possono agire in completa autonomia, possono lavorare soli o creare dei gruppi con persone con cui si trovano bene. Tutto ciò che svolgono è frutto della loro mente e dei loro gusti; l'insegnante è un supervisore che da solo consigli se richiesti e necessari.

- Gli studenti imparano molto e con semplicità, imparano fin da piccoli come agire per ottenere i migliori risultati.

- Gli errori non sono fonte di vergogna, ma sono necessari per imparare e non sbagliare più. Per aiutare il bambino non gli si da una valutazione negativa ma lo si sprona attraverso gli strumenti Montessori. Lo studente sarà pieno di voglia di imparare e positività perché non si sentirà accusato ma aiutato e supportato.

- L'autodisciplina è fondamentale, i bambini non hanno bisogno che l'insegnante li metta alle strette con regole da seguire; saranno loro ad autoregolarsi. Questo perché vengono abituati ad agire nel migliore dei modi fin da piccoli.

- Gli istituti Montessori sono luoghi ben progettati per gli studenti; trasmettono tranquillità, sono accoglienti e confortanti. Piacciono sia agli studenti, che agli insegnanti, e pure ai genitori. Armonia e positività aleggiano nell'aria.

- Tradizionale:

- I bambini studiano seguendo un programma standard fornito dal Ministero dell'istruzione e che non può subire modifiche. I bambini non imparano seguendo i loro gusti o propensioni, sono costretti tutti a studiare le stesse cose.

- Tutti i bambini sono considerati come uguali, non c'è libertà o variazione di programma di studio tra uno studente e l'altro. Ognuno di loro segue lo stesso piano standard e molti fattori non vengono presi in considerazione; come i gusti dei bambini o i loro interessi.

- Gli insegnanti gestiscono tutto, non concentrandosi sul singolo ma sul pensiero generale del gruppo. Non può concentrarsi sui bisogni di ogni soggetto, se non per brevissimi periodi, in casi particolari.

- I bambini apprendono contenuti e nozioni attraverso ciò che l'insegnante gli spiega e grazie ai compiti assegnati.

- Le lezioni si svolgono in classi dove i bambini si siedono ai banchi in posti prestabiliti dall'insegnante; gli strumenti di cui dispongono sono la lavagna, i quaderni e i libri che gli vengono imposti.

- Il bambino è preda dei giudizi dell'insegnante; la sua autostima si crea in base all'opinione che questa ultimo ha di lui. C'è quindi un grande spirito di competizione tra gli alunni che vogliono primeggiare per conquistare la simpatia e l'apprezzamento del docente.

- Le classi sono composte da bambini che hanno la stessa età. Le attività svolte sono gestite completamente dall'insegnante che predispone cosa fare e in che tempistiche. I bambini non sono liberi in quasi nessuno scelta, devono sempre fare riferimento al docente per ogni cosa. Anche i lavori svolti in gruppi sono controllati e l'insegnante da delle direttive su come organizzarsi e muoversi. I bambini non possono agire secondo le loro idee o gusti.

- I bambini non amano imparare, si annoiano e fanno molta fatica a memorizzare i concetti . Non sono liberi di seguire i loro pensieri e di scoprire la loro creatività.

- Se i bambini commettono errori vengono ripresi dall'insegnate, che li penalizza e abbassa la sua valutazione. Il risultato di questo sistema è che spesso lo studente non si sente all'altezza, si scoraggia, ha paura di commettere errori e non vive con serenità l'ambiente scolastico.

- Sono gli insegnanti che hanno il compito di mantenere l'ordine e il rispetto all'interno della classe. Questo viene fatto dando regole rigide ai bambini e rimettendoli in riga se si comportano male.

- La maggior parte delle volte le scuole tradizionali sono cupe, fredde, vuote; non sono un ambiente rassicurante e accogliente per gli studenti; anzi tutto il contrario. Incutono senso di paura, ansia e angoscia.

www.ingramcontent.com/pod-product-compliance
Lightning Source LLC
Chambersburg PA
CBHW051227250726
48655CB00006B/2633